潮汕韵

梁树庭 编著

粤韵漫绘岭南风

SPM 南方出版传媒

全国优秀出版社　全国百佳图书出版单位　广东教育出版社

·广州·

图书在版编目（CIP）数据

潮汕韵／梁树庭编著. —广州：广东教育出版社，
2019.5
（粤韵漫绘岭南风）
ISBN 978-7-5548-2547-1

Ⅰ.①潮… Ⅱ.①梁… Ⅲ.①风俗习惯—广东—通俗
读物 Ⅳ.①K892.465-49

中国版本图书馆CIP数据核字（2018）第212691号

项目策划：靳淑敏
责任编辑：尚于力
责任技编：杨启承
装帧设计：邓君豪

潮汕韵
CHAOSHAN YUN

广 东 教 育 出 版 社 出 版 发 行
（广州市环市东路472号12-15楼）
邮政编码：510075
网址：http://www.gjs.cn
广东新华发行集团股份有限公司经销
广州市岭美彩印有限公司印刷
（广州市荔湾区花地大道南海南工商贸易区A幢）
889毫米×1194毫米 24开本 3印张 75 000字
2019年5月第1版 2019年5月第1次印刷
ISBN 978-7-5548-2547-1
定价：39.80元

质量监督电话：020-87613102 邮箱：gjs-quality@nfcb.com.cn
购书咨询电话：020-87615809

读歌谣，赏漫画，品民俗。

在这里，读懂岭南。

这是一套关于岭南的细节的书。

岭南有着许多不同的面目。当岭南作为地理概念出现时，它宏大壮阔，在五岭和南海之间伸展，范围之广阔大大超出我们固有的印象；当岭南作为文化意象出现时，它生猛活跃，在传统与现代之间穿梭，带给我们一个又一个惊艳的身影；当岭南作为一种生活方式出现时，它呈现的是丰富的细节，而每一个细节都值得我们去品味和把玩。

这些细节，是由生活在岭南的人们创造出来的，所以我们按照岭南三大民系，把内容分为"潮州""广府""客家"三部分；又因为岭南人的生活讲究顺应天时，所以我们还有"岁时"一册，用来说明在岭南这个四季并不分明的地方，人们是怎样活出自己的"季节"来的。

岭南人虽主要分为三大民系，大家在传统方面都各有坚持，但实际上也是同气连枝，有颇多相通之处。以吃为例，潮州有"工夫茶"和"潮州粿"，广府有"饮早茶"和"九大簋"，客家则有"酿豆腐"和"炸果糍"，虽然食物品种不尽相同，但就地取材的原则和精研烹调之法的追求是相通的。除此之外，还有年节拜祭、传统手艺、日常习惯等方面，在作者描绘的画面里，岭南各地之间其实并不那么地壁垒分明，即使确有差别，岭南人之间也特别容易取得共识，相互理解。正是在这种种不同之间，隐约蕴含着一条神奇的纽带，维系起岭南这片土地。

在这套书里，岭南日常生活的平凡日子，被浓缩成诗句、韵文；生活在岭南的人们，被勾勒出趣致的动作、神态。在这里，我们看到了岭南的细节。透过一幅幅诙谐有趣的画面，来体会岭南的细节，也许，这本身就是一件很"岭南"的事。

王 亮　广府文化研究者/广东教育出版社副编审

序二
漫出精彩

　　梁树庭是我熟悉的画家，他举办的几个展览和出版的书籍我都看过，看后都有一种淋漓畅快的感觉，他的写法画法很有个性，特别是作歌谣，配漫画，写书法，用水墨的手法创作漫画，对广东漫画界来说是一个新的收获。他的漫画或针砭时弊，激浊扬清，或谐趣幽默，扶正祛邪，都取得了不少成绩。他早年举办的"粤韵新唱——梁树庭、马洁群百首粤语歌谣漫画展"是一次很有地方特色的漫画展，是近年广东漫画界的盛事。它记录广州的过去和现在，给人们留下了美好的回忆，是一个大受欢迎的展览。

　　几年过去了，梁树庭的歌谣漫画从广府题材画到岭南题材，内容更丰富了，看到广东教育出版社出版的"粤韵漫绘岭南风"丛书，我感到由衷的高兴。传承发扬优秀的岭南文化是一件很有意义的事情，这次的作品他用水墨的手法，是值得肯定和发扬的。丛书包含《岁时谣》《广府风》《客家颂》《潮州韵》，书名精彩，内容简练而有深度，图文并茂，对初次了解岭南文化的读者是大有裨益的。读读歌谣，赏赏漫画，看看民俗，不知不觉中受到岭南文化的熏陶，真是件乐事。

　　看书中的《上茶楼》，画广州一家子茶楼相聚，点上河鲜，梁树庭用夸张的手法，画服务员单手托盘，盘中鱼比人大，众人哗然。热气腾腾的清蒸鱼上台，配上"一盅两件话当年，而今觉得唔够坚。朝晏打的去南国，急呼伙计上河鲜"的歌谣，谐趣幽默，生动地表现出了时代变化中的广府人，由过去简单的"一盅两件"到现在富足的急上河鲜的品茶姿态，十分"盏鬼"。再看《凉帽美》的太阳和《赛大猪》的大猪，都是运用了拟人化的画法。太阳会伸出大拇指夸客家娘手艺巧，能做出流传几百年可遮阳散热的凉帽，挥帽田间很动人。《赛大猪》中的大猪被评为头名时，高兴得举起胜利的手势，猪肥人壮趣怪得很。漫画的这种手法使得客家和潮汕的民俗风情多了一重喜感。丛书里面的作品简约的画法和绚丽的用色交叉搭配，视觉上有节奏感，读得舒服。《岁时谣》侧重写实画法，画出广东节气特点，也能"漫"在其中，隐约可见他对传统花鸟、山水试运用漫画画法，这种创作特色和手法值得推介。

　　漫画是一门综合艺术，从原始绘画至文人绘画、民间绘画皆有之，配上诗词的漫作，总是使人眼前一亮。最近国内很多漫画家在探索水墨的表现方式，成果不少，这里面也有广东漫画人的努力，梁树庭就是其中的一位。在大力倡导传承发展优秀传统文化的新时期，我期待广东漫画人初心不变，努力向前，为广东乃至全国的漫画发展，作出更大的贡献。

　　　　　江沛扬　中国美术家协会会员／广东省美协漫画艺委会前主任／广东漫画学会前会长

目录

节庆活动

送大吉 20
五果汤 22
翁仔墩 24
跳火墩 26
赛大猪 28
挂春纸 30
拜龙头 32
烧火塔 34
吃汤圆 36

民间艺术

唱歌册 40
潮州歌谣 42
金木雕 44
顶嵌瓷 46
抽纱女 48
游老爷 50
三山王 52

生活情风

潮州砌厝 02
五脚砌 04
出花园 06
水布茶 08
工夫茶 10
潮州粿 12
广济桥 14
红头船 16

附录 "粤韵漫绘岭南风"丛书民俗文化索引 54

59

后记

生活风情

潮州厝

潮州建筑确不同，
精心设造追皇宫。
屋檐嵌瓷雕出彩，
生活美态有传统。

说明：本书图中文字因艺术创作需要，部分使用繁体字，此处均以简体字呈现，便于读者阅读。

民俗文化

潮州厝，皇宫起 "潮州厝，皇宫起"表现了潮汕建筑特色。重厅堂、重装饰是潮汕民居仿效宫廷建筑，以显示富裕的表现。房屋的上盖连同山墙、屋檐皆饰以嵌瓷。建筑物的木制结构上，镂刻出各种图案，雕刻之后还要上漆贴金。石刻石雕也是建筑中不可缺少的点缀，墙壁上还有壁画，门面上有漆画，厅堂上有潮绣挂屏等。潮州人运用嵌瓷、金漆木雕、石雕、潮绣等这些潮州特有的工艺美术装饰建筑物往往是不惜代价的。

潮州建築
確不同造
精心設造
追皇宮
屋檐嵌彩瓷
雕出彩態
生活美態
有傳統

粵謠漫畫
潮州曆
梁松庭作

五脚砌

遮阳避雨五脚砌，
南洋风韵万人迷。
潮郎相逢飙外语，
角毕动角◎讲东西。

◎角毕、动角：潮汕方言中的外来词，从马来语泰语而来，角毕为皮箱，动角为手杖。

民俗文化

五脚砌　潮州城镇颇具规模的骑楼建筑，不但外观与西方建筑相似，而且有一个颇为洋化的土名叫"五脚砌"。"五脚砌"从马来语变化而来，意指骑楼下有可供行人遮阳避雨的5英尺（约相当于1.5米）宽人行道。其他马来语、泰语等也随着从东南亚传入的新事物而被吸收为潮汕方言中的常用词。潮汕文化是在强盛的中原农耕文化基础上，吸收海洋文化与本地文化而逐渐形成的。

遮陽避雨
五腳砌
南洋風韻
萬人迷
潮郎相逢
飆外語
角畢動角
講東西
粵謠漫画
五腳砌
梁樹庭作

出花园

七月初七达心愿，
同年哥妹出花园。
品尝鸡头着红屐，
成年立志铸龙渊。

民俗文化

出花园　潮汕地区一种独有的传统民俗，属于成人礼习俗。年满15周岁的孩子要"出花园"。大多在七月举办。"出花园"这一天孩子沐浴后要穿上新衣和红屐，腰兜里压着12颗桂圆和两枚顺治通宝铜钱，要最后拜一次公婆母（即床神）。孩子吃一碗猪内脏煮成的汤，其寓意就是十五岁成丁了，从此"换成人的肠肚"。中午，"出花园"的孩子要"坐大位"宴请亲友，席间还要"咬鸡头"（寓意独占整头），等等。

七月初七
達心願
同年哥妹
出花園
品嘗雞頭
着紅屐
成年立志
鑄龍淵
粵謠漫畫
出花園
梁樹庭作

生活风情

07

水布强

一条水布五尺长，
贴身周全不声张。
出门解困去难事，
未识水布枉称强。

民俗文化

水布 潮汕民谣唱道："一条水布五尺长，轻纱薄织二尺宽。洗浴擦身多爽快，既经济来又方便。雨天遮身当雨衣，热天还可挡阳光。劳动之时做腰带，树下作席多舒坦。包头可以做帽子，冬做围巾暖洋洋。遇急可作防身器，肚饿束腰顶一餐。"将水布的作用展现得淋漓尽致。

一条水布

五尺长

贴身周全

不声张

出门解困

去难事

未识水布

枉称强

粤谣漫画

水布强

梁树庭作

工夫茶

潮郎拼搏走四方，
一日无茶心慌慌。
他乡相逢遇故友，
躬身事茶山凤凰。

民俗文化

工夫茶艺　潮州工夫茶艺是流传于广东省潮汕地区的一种茶叶冲泡技艺，它始自宋代，至清代中期已蔚然成风。潮州的工夫茶艺，形式独特，自成系统，它对茶叶、茶具、水质、冲法、饮用礼节都十分讲究。工夫茶不但是一种特殊的品茗方式，也是人们交际往来的一种重要手段。请人办事、贵客临门、赔礼道歉等礼仪场合都要饮工夫茶。潮州工夫茶艺是潮汕传统文化的重要组成部分，已被列入国家级非物质文化遗产名录。

潮郎拼搏
走四方
一日无茶
心慌慌
他乡相逢
遇故友
躬身事茶
山凤凰

粤谣漫画
工夫茶
梁树庭作

潮州粿

水粿糕粿无米粿，
粿汁比味鼠壳粿。
粿条拼炒牛肉香，
潮味翻新美多多。

民俗文化

潮州粿 潮州人以大米为主食，其米制品叫粿。粿品因原料、形状、蒸制方法的不同而形式多样，品种繁多。潮州人与粿的关系密切，凡年节酬神、祭祖、神诞、婚丧嫁娶等都要用到粿。粿在潮州人的生活中，形成了一种独特的粿文化。与粿有关的粿印，也成为当地一种木刻工艺。

水粿糕粿

無米粿比味

粿汁比味

鼠殼粿

粿條拼炒

牛肉香

潮味翻新

美多多

潮州粿

粤方言漫画

梁樹庭作

糕粿

鼠壳粿

无米粿

水粿

炒牛肉粿条

粿汁

广济桥

潮州八月秋水寒，
古桥广济沐阳光。
廿四楼台争斗艳，
疑是天宫落韩江。

民俗文化

广济桥　一座集梁桥、拱桥、浮桥于一体的古桥，俗称湘子桥，位于广东省潮州市。广济桥为梁舟结合的格局，总长518米，桥墩上共建有24座亭台楼阁，造型各异，形成"一里长桥一里市"的景象。此桥气势宏大，造型独特，为中国古代桥梁中所罕见，是中国"四大古桥"之一。

潮州八月
秋水寒
古橋廣濟
廿四樓臺
沐陽光
爭門艷
疑是天宮
落韓江

粵謠漫盒
廣濟橋
梁樹庭作

红头船

鲤鱼红船精雕龙，
水族百兽惊作虫。
郎儿丁赴南洋去，
泪挥水布一点红。

民俗文化

红头船 红头船一般将船头琢成鲤鱼头状，并雕有龙头，据说在陆上能惊走百兽，在海中能吓退百族，整艘红头船均涂以重彩，头尾红色。清朝时期大多数潮籍华侨就是在澄海樟林的南社港乘坐红头船到海外谋生，寻求发展。浩瀚大海上，红头船千帆竞渡，商贾往来不绝。如今的"红头船"被赋予了新的内涵，成为潮汕人拼搏奋进的精神象征。潮人的海外奋斗史，是一部践行"红头船精神"的史书，里面涌现出大批的爱国侨胞。

鯉魚紅船

精雕龍
水族百獸
驚作蟲
郎兒丁赴
南洋去
淚揮水布
一點紅

粵謠漫畫
紅頭船
梁樹庭作

节庆活动

送大吉

正月初一喜相逢，
人人大橘捧手中。
大吉大利声声里，
互送大吉春意浓。

民俗文化

送大吉 潮汕人拜年的时候，总要带一点礼物，而且无论带了多少礼物，其中大橘是必不可少的。大橘谐音"大吉"，大橘多少没有关系，但是忌讳奇数。临走，主人便会从来者的礼物中留下两个大橘，然后取出自家大橘交换，意在互赠吉祥。

正月初一
喜相逢 人人大橘
捧手中 大吉大利
聲聲裏 互送大吉
春意濃

奥韻漫畫
送大吉
梁杓庭作

五果汤

正月初一步厅堂，
拜见双亲问候忙。
父母厨煮五果汤，
一到十五甜蜜糖。

民俗文化

五果汤 农历正月初一是岁首，俗称元日。各家各户早餐一般都不吃荤，以炸油粿、卷煎等食品为主食。孩子向父母请安之后，先吃五果汤，然后才去玩耍。五果汤一般是薏米、芡实、桂圆肉、莲子和小豆煮成，煮时加入白糖，清润可口，从初一到十五，若有客人来坐，也招待吃五果汤。

正月初一
步廳堂
拜見雙親
問候忙
父母廚煮
五果湯
一到十五
甜蜜糖

粵謠漫盈
五果湯
梁樹庭作

翁仔灯

数百年传翁仔灯，
泥捏戏曲梦中人。
仙姬送子京城会，
揭阳兴旺寄丹心。

民俗文化

翁仔灯 潮汕方言中将泥塑等按一定比例缩小的人物造型叫"翁仔"（捏成玩偶一样的小人形）。当地人将翁仔摆放在灯橱里，组成一幅幅历史、戏剧人物故事的屏灯。每年元宵节前的郑厝门楼，都要摆灯屏，市民前来观看翁仔灯，有祈求新年财丁兴旺之意。

數百年傳
翁仔燈
泥捏戲曲
夢中人
仙姬送子
京城會
揭陽興旺
寄開心

里謠漫盘
翁仔燈
梁樹庚作

跳火墩

普宁占陇溪东村，
十二稻墩火冲冲。
正月十五十六日，
抬着神爷跳火墩。

民俗文化

跳火墩 一般在农历正月十五左右，普宁市占陇镇溪东村举行一年一度的辞旧迎新"跳火墩"活动。当天各村堆起12道点燃的火堆，村中健壮青年在鸣锣喝彩声中抬起八抬大轿跃过火墩，以示去晦气求好运。

普宁占陇
溪东村
十二稻墩
火衝衝
正月十五
十六日
抬着神爷
跳火墩
军埕漫画
跳火墩
梁植庭作

赛大猪

澄海澄华道冠山，
二百头猪宰一栅。
面朝祠堂祭天地，
最肥大猪载誉还。

民俗文化

赛大猪 汕头澄海区每年正月十七会举行"赛大猪"的活动，当地村民把养得肥大的肉猪宰杀奉神，二百多头大肥猪，置于木架上，头向祠堂，蔚为壮观。村民聚集于此，祭神求平安，比出谁家饲养的猪最硕大肥壮，好不热闹。

澄海澄華
道冠山
二百頭豬
宰一柵
面朝祠堂
祭天地
最肥大豬
載譽還
賽大豬漫畫
粵謳漫畫
梁樹庭作

挂春纸

万里归家挂春纸，
海外念祖深心思。
清明圣日涂红绿，
一片孝心天地知。

民俗文化

挂春纸 扫墓俗称"过纸"或"挂纸"，为区别于冬天扫墓，又称"挂春纸"。清明踏青扫墓，纪念亡人。祭墓前，先除去墓地树枝杂草，添上新土，将坟前打扫干净，用红漆把墓碑上面的字涂新，亡人名字则用绿色油漆涂写，然后挂纸、燃香、放鞭炮。清明节是潮汕人心目中的"圣日"，有能力返乡的子孙，无论远近，哪怕在万里之外，都得回来尽孝。

萬里歸家
掛春紙
海外念祖
深心思
清明聖日
塗紅綠
一片孝心
天地知

粵謠漫逐
掛春紙
樑樹庭作

拜龙头

龙头置案诚心供，
龙舟藏身社庙中。
端午隆重请龙出，
烟花五月格外红。

民俗文化

拜龙头　在揭阳一些村子中，龙舟平日被藏于社庙，龙头被卸下来放在神案上供奉，龙身则用麻绳吊于祠堂半空中。端午前，村民将龙头请出，焚香祭祀，再重新拼装下水，整套仪式颇为繁复。

龍頭置案
誠心供
龍舟藏身
社廟中
端午隆重
請龍出
煙花五月
格外紅

粵謠漫画
拜龍頭
梁樹庭作

烧火塔

火塔堆起燃四野，
星光熠熠引香车。
平心寄意火与力，
中秋月圆不凡夜。

民俗文化

烧火塔　烧火塔是中秋必不可少的仪式。潮汕火塔多用瓦片、砖头为料，在旷野之地砌成空心塔，塔中央插几根粗木条为塔心，下留口，中间用柴草填实，晚上开始烧火塔。为了让火势更壮观，人们还会不时将松香、食盐、硫黄和鞭炮丢进火里，发出噼里啪啦的响声。

火塔堆起
燃四野
星光熠熠
引香車
平心寄意
水興力
中秋月圓
不凡夜
粵謠漫畫
燒火塔
梁樹庭作

吃汤圆

又到冬至大过年，
天南地北共团圆。
一岁望春今日起，
家家围坐吃汤圆。

民俗文化

食圆大一岁 俗语说"食圆大一岁"，潮汕人有冬至吃汤圆的风俗，而且认为吃了汤圆就大了一岁。这是因为冬至是周历的元旦，是新年的第一天，汉魏时改用夏历，才把冬至称为"亚岁"，但是民间仍保留着把过冬至当过年的习俗。

又到冬至
大過年
天南地北
共團圓
一歲望春
今日起
家家圍坐
吃湯圓

粵謠漫画
吃湯圓
課樹庭作

民间艺术

唱歌册

郎妹乡音演说唱，
历史故事韵味长。
潮州歌册留史册，
传说传唱魅力强。

民俗文化

潮州歌册　俗称唱歌册，是流行于潮州方言区的民间说唱艺术的一种。潮州歌册产生于明代、盛行于清末至20世纪70年代初，内容多为历史故事及民间传说，也有反映地方题材的。歌文一般七言四句一组，用潮州方言讲唱，歌册故事情节曲折生动，易记易传，在为民众提供文化滋养的同时，也传播历史知识，对弘扬中华民族传统美德有着积极的作用。

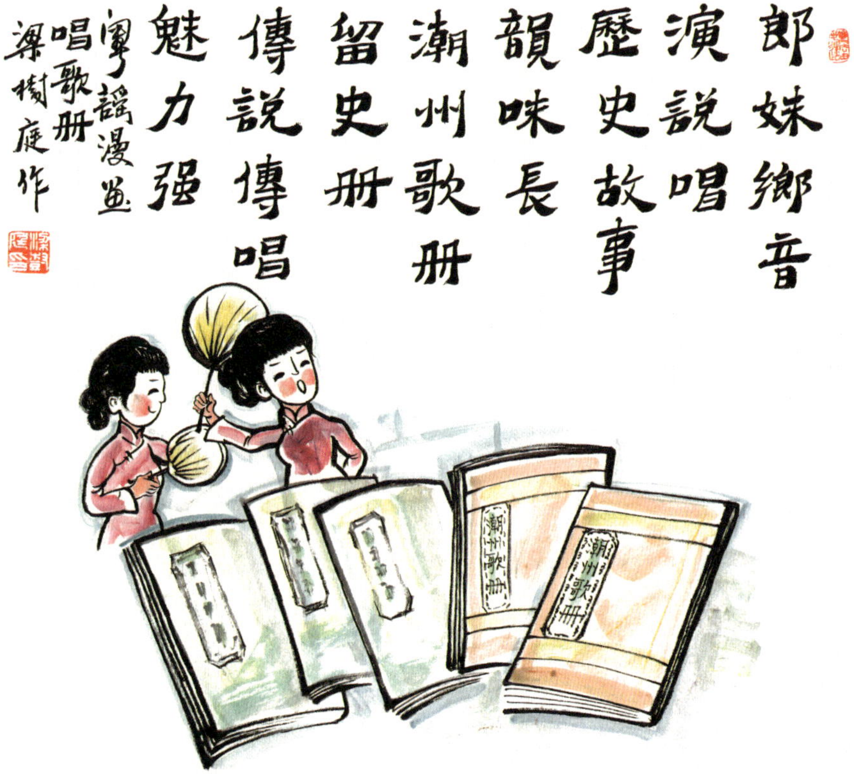
郎妹鄉音
演說唱
歷史故事
韻味長
潮州歌册
留史册
傳說傳唱
魅力强
粤謠漫畫
唱歌册
梁樹庭作
潮州歌册
潮州歌册

潮州谣

生活处处潮州谣，
饭菜碗碟琴鼓箫。
大妈披巾村头唱，
郎儿牛背诵济桥。

民俗文化

潮州歌谣 潮州歌谣的主要唱者是妇女和儿童，以反映日常生活内容和家庭伦理的为最多，它是妇女的精神食粮、儿童的启蒙教材。语言方面，潮州歌谣多采用富于生活气息和地方特色的口语，保留了许多古汉语词汇和不少古韵。歌谣平易自然，委婉流畅，富于幽默感，豪放雄浑之作极少。

生活處處
潮州謠
飯菜碗碟
琴鼓簫
大媽披巾
村頭唱
郎兒牛背
誦濟橋

粵謠漫畫
潮州謠
梁樹庵作

金木雕

圆雕通雕深浮雕，
细观可见古舜尧。
金漆辉煌樟木香，
留得精品世人骄。

民俗文化

金漆木雕　潮州木雕又称潮州金漆木雕，简称金木雕，已被列入国家级非物质文化遗产名录。金漆木雕以多层镂通和金箔贴饰而独树一帜，多以历史、神话、戏曲故事和瑞兽、花卉为题材，以樟木为雕刻的主要材料，雕刻手法有深浅浮雕、圆雕、通雕等，大量应用于建筑、家居、神器装饰和公共场所陈设。

圆雕通雕
深浮雕
细观可见
古舜尧
金漆辉煌
樟木香
留得精品
世人骄

粤谣漫盆
金木雕
梁树庭作

顶嵌瓷

屋顶嵌瓷美中美，
百鸟花开仙女媚。
请问精品谁人做，
匠爷拈须笑眯眯。

民俗文化

嵌瓷 嵌瓷是以造型绘画为基础，运用剪裁的瓷片镶嵌在屋脊、檐下照壁的建筑装饰艺术，俗称"贴饶"或"扣饶"。嵌瓷始于明末而盛于清代，流传于广东东南部潮汕平原。起初民间艺人面对陶瓷生产过程中废弃的许多碎瓷片，特别是那些有釉彩与花卉图案的彩瓷片，创造性地利用它们在屋脊上嵌贴成简单的花卉、龙凤之类图案来装饰美化建筑物，后来逐渐演变成一种特色装饰。

屋頂嵌瓷
美中美
百鳥花開
仙女媚
請問精品
誰人做
匠爺拈須
笑眯眯

粵謠漫畫
頂嵌瓷
梁樹庭作

抽纱女

抽纱传自女教士，
潮女巧手显心思。
欧亚风格中国调，
赢得生计留美誉。

民俗文化

抽纱　抽纱是一种民间工艺。相传是浸信会女传教士纳胡德发现潮州刺绣技艺精湛，就从国外带来一些抽纱样品和图稿，经潮人巧手改良之后，产品优雅细腻，绚丽多姿。抽纱品种主要有台布、手帕、床被套等，因其工艺精湛而成为近现代潮汕工艺美术的代表，已被列入国家级非物质文化遗产名录。

抽紗傳自
女教士
潮女巧手
顯心思
歐亞風格
中國調
贏得生計
留美譽

粤謠漫畫
抽紗女
梁樹庭作

游老爷

喜从庙里请老爷，
男女老少巡四野。
鼓鸣狮舞彩旗艳，
演戏酬神辟恶邪。

民俗文化

游神　游神多在农历正月中旬到二月上旬。游神所经之地都要设坛迎神，敬奉贡品。潮汕各地游神形式各有特色，最普遍的是灯笼为前导，接着是马头锣开路，后面依次是虎头牌、高灯彩旗、彩标、花灯、潮州大锣鼓乐队等，最后是抬着安置了诸神塑像的老爷轿。神像通常是三山国王、天后圣母、安济圣王等。乡民们请神出来巡行，目的是祈求风调雨顺，全村平安。

喜從廟裏
請老爺
男女老少
巡四野
鼓鳴獅舞
彩旗艷豔
演戲酬神
辟惡邪

粵諺漫畫
游老爺
鄭樹庭作

三山王

三山王神真无敌，
各处村庙首当值。
风雨雷神禀天气，
人循自然增法力。

民俗文化

三山国王　潮汕方言区的每个村庄，几乎都建有三山国王庙，供村民祭拜。三山国王原本是揭西河婆盆地周围的三座神山：明山、巾山、独山。它们曾是群巫所从的神山，是巫师们通天的地柱，在进入农业社会以后，演化为掌管农业天气的风神、雷神、雨神，最后定型为三山国王神，并延续至今。

三山王神
真無敵
各處村廟
首當值
風雨雷神
稟天氣
人循自然
增法力
粵謠漫画
三山王
梁樹庭作

附录
"粤韵漫绘岭南风"丛书民俗文化索引

1. 本索引供本丛书"民俗文化"板块内容检索。
2. 条头按汉语拼音字母次序排列，首字相同的按第二个字的拼音字母次序排列，第二个字相同的，按第三个字排列，以下类推。同音字按笔画排列，笔画少的在前，多的在后。
3. 右侧字母代表本丛书的分册书名：
   C为《潮汕韵》，G为《广府风》，K为《客家颂》，S为《岁时谣》。
4. 右侧数字指所在图书的页码。

B

白露茶	S34
拜龙头	C32
拜山	S10
拜社年	K22
拜月娘	G36
胞衣迹	K04
补天穿	S04
补夏	S16

C

踩簸箕	K10
潮州厝，皇宫起	C02
潮州歌册	C40
潮州歌谣	C42
潮州粿	C12
炒惊蛰	S06
趁景、斗标	G34
吃糯米饭	S52
吃秋菜	S36
吃仙草	S26
重阳登高放纸鹞	S38
抽纱	C48
出花园	C06
处暑节	S32
糍粑碌碌烧	S46

D

| 打边炉 | S44 |
| 冬至大过年 | S50 |

G

工夫茶艺　　　　　C10
挂春纸　　　　　　C30
挂葛藤　　　　　　K36
广东音乐　　　　　G42
广济桥　　　　　　C14
广绣　　　　　　　G44

H

红头船　　　　　　C16

J

鸡公榄　　　　　　G18
祭车神　　　　　　S18
讲古　　　　　　　G46
醮会　　　　　　　K48
金漆木雕　　　　　C44
九大簋　　　　　　G04

K

开库日　　　　　　G32
开镰节　　　　　　S22
客家粄　　　　　　K12
客家凉帽　　　　　K06
客家山歌　　　　　K40

L

擂茶　　　　　　　K18
利是　　　　　　　G24
凉茶　　　　　　　G06

M

卖懒　　　　　　　G26
芒种节　　　　　　S20
木屐　　　　　　　G16

N

娘酒　　　　　　　K08
酿豆腐　　　　　　K14

Q

骑楼　　　　　　　G08
嵌瓷　　　　　　　C46

S

赛大猪　　　　　　C28
三山国王　　　　　C52
上灯　　　　　　　K26
烧火塔　　　　　　C34
十三行　　　　　　G10
食新　　　　　　　S24
食圆大一岁　　　　C36
莳田客　　　　　　S12

附
录

55

手信　　　　　　　G14
耍歌堂　　　　　　S48
水布　　　　　　　C08
送大吉　　　　　　C20
送穷鬼　　　　　　K24
送芋鬼　　　　　　S40

T
劏火麒麟　　　　　K30
堂联　　　　　　　K44
跳火墩　　　　　　C26

W
围龙屋　　　　　　K02
翁仔灯　　　　　　C24
五果汤　　　　　　C22
五华提线木偶　　　K52
五脚砌　　　　　　C04
五行五方龙神伯公　K46
五羊仙　　　　　　G48
舞火龙　　　　　　K28
舞醒狮　　　　　　G50

X
西关小姐　　　　　G12
行花街　　　　　　G22

行通济桥　　　　　G30

Y
饮早茶　　　　　　G02
迎春牛　　　　　　S02
迎大帝　　　　　　K50
游神　　　　　　　C50
元宵花灯　　　　　G28
月半大过年　　　　K32
月姐歌　　　　　　K42
粤剧　　　　　　　G40

Z
炸果糍　　　　　　K16
捉田鼠　　　　　　S54
醉龙舞　　　　　　G52
做春分　　　　　　S08
做秋　　　　　　　S30
做"四月八"　　　　K34

"粤韵漫绘岭南风"丛书包括《岁时谣》《广府风》《客家颂》《潮汕韵》四本。

　　丛书以富有传统国画特色的水墨漫画，配以独特书法书写的朗朗上口的歌谣，邀读者放慢匆忙的脚步，品鉴水墨漫画、岭南歌谣的独特质感，用全新的视角去感受、认识岭南传统文化。

《岁时谣》

　　二十四幅漫画，二十四首歌谣，描绘出岭南人独具特色的节气文化。在这里，你可以深深品味在二十四节气的周而复始中，岭南人是如何顺应天时，在岭南这个四季本不分明的地方，活出自己的季节！

《广府风》

　　二十四幅漫画，二十四首歌谣，引领你走近最能代表岭南文化的广府民俗文化。广府文化经过中原文化哺育，传袭着百越古族遗风，又闪烁着中西文化撞击的火花，开放、务实，又创新兼容。

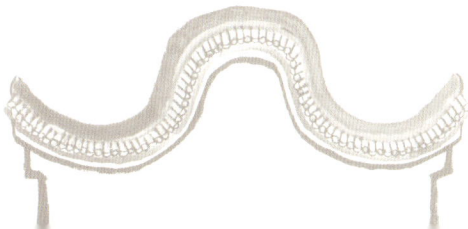

《客家颂》

　　二十四幅漫画，二十四首歌谣，引领你走近最能反映岭南文化与中原文化交融生长的客家民俗文化。在这里，你可以品味客家人崇文尚简、民风淳朴、不求奢华的品格，感受客家人浓厚的乡土情结，强烈的祖先崇拜和深沉凝重的历史意识。

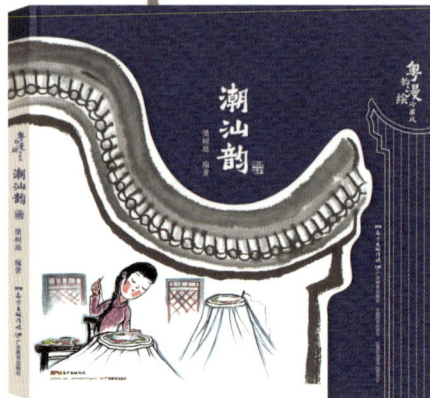

《潮汕韵》

　　二十四幅漫画，二十四首歌谣，引领你走近潮汕民俗文化。在这里，你可以感受到背山靠海的潮汕人与中原人在生活和生产方式上的差异，可以明晓缘何他们宗族观念强，缘何他们勇于冒险和开拓，并精巧灵活，富有竞争意识。

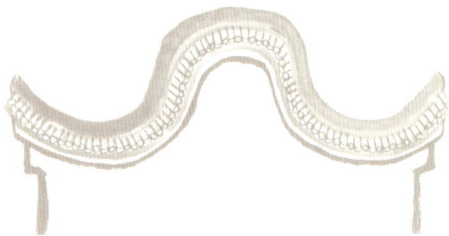

后　记

　　现在是收获的时候，喜悦中与大家见面的"粤韵漫绘岭南风"丛书，便是收获的成果。

　　成果的种子在2017年春季种下，那时我在广东省立中山图书馆办了一期"粤韵漫记岭南风"歌谣漫画展，观者众，得留言七八本，记录了观众的深切鼓励；报纸、电视台、电台的记者等也不断采访报道，对画展给予了高度的评价。我的创作能得到各界人士的鼓励和社会的认同，是给我最好的奖励。展览期间，刚好广东教育出版社的几位编辑也来观展，相谈中便有了以此出版一套书的构想，然后编者、作者一路想想想，跑跑跑，写写写，画画画，编编编，改改改，这套丛书由此而生。这套丛书名叫"粤韵漫绘岭南风"，将展览"粤韵漫记岭南风"的"记"字改成"绘"字，一字之改更多了些画意，并有连续性，展览与书籍就像姐妹篇，相映成趣，很好！

　　这套丛书，从岭南文化中选材，就像讲自家的故事，总有一种亲切感。岭南人家祖祖辈辈是如何过来的，如何生活的，如何在天地间面对艰辛活出精彩、活出文化的，我总想

用手中的笔，记录心中的歌，绘出心里的画。从大家观展的反映中我发现，歌谣配漫画并以水墨的表现手法很适合这个读图时代，顺口押韵的歌谣，幽默谐趣的漫画，以诗书画印植入漫画中，相映成趣。在岭南各地有不少形式各异的风俗，所谓"十里不同风，百里不同俗"，我这样通过画面、歌谣去表达，就很容易引起大家的兴趣去探究，在这个过程中读者就会了解岭南文化、感知岭南文化、热爱岭南文化，从而对我们身处的地方产生更多的认同感，这是我一直坚持创作的原因。

在这里得感谢广东教育出版社的编辑助丛书出版，使图文出彩，助力岭南文化的挖掘与传播；感谢漫画界老前辈著名漫画家江沛扬先生为此书写序，推动广东漫画及文化事业，给后辈期望与鼓励；感谢妻子马洁群女士，长期以来给我的创作翻书捡画、正图正字，使创作得以成事；感谢读者、媒体和各文化单位一直支持和不断鼓励，让我在创新的绘画道路上一直走下去。

歌谣助传唱，漫画现精华。愿岭南文化之树根深叶茂，岁月常青！

梁树庭

2019 年 4 月